하마터면 익을 뻔했네

하마터면 익을 뻔했네
시산맥 기획시선 063

초판 1쇄 발행 | 2019년 7월 17일

지 은 이 | 박숙이
펴 낸 이 | 문정영
펴 낸 곳 | 시산맥사
편집주간 | 이성렬
편집위원 | 강경희 안차애 오현정 정재분
등록번호 | 제300-2013-12호
등록일자 | 2009년 4월 15일
주　　소 | 03131 서울특별시 종로구 율곡로 6길 36,
　　　　　월드오피스텔 1102호
전　　화 | 02-764-8722, 010-8894-8722
전자우편 | poemmtss@hanmail.net
시산맥카페 | http://cafe.daum.net/poemmtss

ISBN 979-11-6243-066-8 03810

값 9,000원

* 이 책은 전부 또는 일부 내용을 재사용하려면 반드시 저작권자와 시산 맥사의 동의를 받아야 합니다.
* 이 도서의 국립중앙도서관 출판시도서목록(CIP)은 서지정보유통지원시스템 홈페이지(http://seoji.nl.go.kr)와 국가자료공동목록시스템(http://www.nl.go.kr/kolisnet)에서 이용하실 수 있습니다. (CIP제어번호 : CIP2019026144)

* 이 시집은 교보문고와 연계하여 전자책으로도 발간되었습니다.
* 이 도서는 카카오톡 선물하기 〈독서의 계절〉에서도 구입할 수 있습니다.

하마터면 익을 뻔했네

박숙이 시집

* 본문 페이지에서 굵은 명조 및 밑줄 표시가 되어 있는 단어는 〈표기〉를 뜻한다.

■ 시인의 말

불에 단 꼬막이 시련을 확 뱉어낸다, 비로소 해감이다

2019년 6월

박숙이

■ 차 례

1부

빼딱한 나무 – 19
꼬막 – 20
뜸 – 21
겨울들판 – 22
수제비 – 23
효자 남편 – 24
나는 늘 손해다 – 26
가난한 선물 – 27
마른 멸치 – 28
하마터면 익을 뻔했네 – 29
그녀의 구두 – 30
벚꽃 다 날아가 버리고 – 31
커리어우먼들 – 32
싱그러운 퇴근 길 – 34
삼합 – 36

2부

청맹과니 – 39
촛불 – 40
진품 – 41
천성인가 – 42
야단났네, 네 엄마 – 43
동심 – 44
고치다 – 45
무 – 46
나 토종이야 – 48
등나무 – 50
하얀 저 구름 – 52
벚꽃시절 – 53
달라지다 – 54
보름달 – 55
시월은 만장일치로 – 56

3부

붉은 꽃을 보면 – 59

크리넥스 – 60

소의 시근 – 61

분위기메이커 – 62

중앙에서의 하행 길 – 63

협박 – 64

포진 – 65

무선 마이크 – 66

사람 같은 돌 – 67

목욕탕에서 – 68

가을 조준 – 70

깨의 끼 – 71

묵사발 – 72

봄의 방문 – 74

꽃이 가장 쓸쓸할 때 – 76

4부

접기의 달인 - 79

시래기 - 80

유채꽃 - 81

놀고 있는 들꽃들 - 82

기피 - 83

막사발 - 84

자작나무 - 86

어머니의 목소리 - 87

그리운 고모역 - 88

생육 - 89

거름 - 90

꼭 나 같아서 - 92

퇴역 - 93

폭설의 밤 - 94

대수롭지 않은 것이 - 95

■ **해설** | 김윤정(문학평론가) - 97

하

삐딱한 나무

나무라고 싶지 않은 삐딱한 나무,
근처 복숭아나무 중, 맨날 생각을 비틀고 있는 삐딱한 나무가 있다

직립을 거부하고
질서를 거부하고
부러지거나 어느 한 가지가 정의의 반대쪽으로 휘어져 있는
안전망에서 훅 벗어난
감수성이 풍부해 보이는 삐딱한 나무가 있다

지루한 직진에서 탈출하고 있는
삐딱한 길을 찾아 즐겁게 헤매고 있는
저기 저 위태위태한
생각이 엇나가고 있는 나무 한 그루

그 삐딱함을 나는 믿는다

꼬막

펄 속에 있었어도 불어터지지 않은 정신,

미궁 속으로 빠지지 않고 딴딴하다

힘을 가해도 안 되고

칼을 갖다 대도 입 안 연다

핵이 뭉쳐서 땡글땡글하다

오랫동안 그리웠던, 데이고 싶도록 절실한 온기여,

비로소, 불을 만난 꼬막이 고백하듯 서서히 뱉어낸다

눈물 반, 시련 반이다

뜸

클라이맥스 후의 밥솥을 여니 조용합니다

뜨거웠던 숨소리를 가라앉히는 중입니다

서로의 뜨거운 자극에 찰기가 자르르 흐릅니다

바라보는 것만으로도 침이 가득 고입니다

휘저으려다 가만, 뜸이라는 걸 생각해 봅니다

사이가 더 깊어져 떨어지질 않습니다

알알의 세포가 살아 반짝입니다

겨울들판

천둥 우레까지
熱戰의 가을까지 다 겪어봤다
무엇이 더 두려우랴

다만, 가을을 겪고 나니
요행이 없는 저 들판,
내가 한없이 넓어져 있음을 알겠다

생각해 보면
들판이 왜 들판이겠나
혼자 아닌
바람과 땡볕과 혹한과 함께 판을 벌인다는 말이지

언 땅속의 보리처럼
주먹은 추위 속에서 불끈 쥐는 것

해보자 까짓,
벌릴 틈만 있다면야
한가락 하는 저 추위도 나는 당찬 의욕으로 달게 받겠네

수제비

대가리와 똥
내장을 뺀 멸치 한 줌을 장국에 던져 넣는다
장국이 참 맑게 우러난다
내가 그동안 왜 그리 탁했는가를 들여다보게 된다
가난을 어루만지듯 수없이 치대고 치댄 혈육 같은 반죽 덩어리
편견 없이 수제비를 뜯어 넣는다
복닥복닥, 그리운 시절이 후우 넘치고
먼저 태어난 수제비에 늦게 태어난 수제비 동생들 살갑게 착 달라붙는다
뜨거운 양은 냄비 속에서 서로 먼저 떠올라라 밀어주고 받쳐주고
끈기만은 변치 마라 우리밀이다 야들아,
팔팔한 생 속들 익어 걸쭉한 여름 한 그릇이
평상에서 입이 데이도록 와~ 뜨겁다

효자 남편

 그가 춤을 춘다. 초를 다투는 어머니 앞에서, 기억을 더듬거리는 영하의 어둠 앞에서, 하던 일을 내던지고 와 너울너울 춤춘다. 뭐 얻어걸릴 게 있다고, 아이비 덩굴처럼 벽 속까지 파고든 암 덩어리 앞에서, 어머니 웃으시라고, 한 번 더 어머니 눈 떠 보시라고, 장롱 속의 숫기 없는 바지저고리를 꺼내 입고서, 촛농 같은 뜨거운 눈물을 뚝뚝 흘리며, 늙은 아들이 학 되어 활개를 활짝 펼친다.

 어머니 보세요. 어머니 아들이 춤추고 있잖아요. 어머니 장남 춤추는 모습 좋아하셨잖아요. 그래그래, 우리 장남 잘도 춤을 추는구나, 감은 눈으로 아들의 행위를 느끼면서, 그렁그렁 웃음 지으면서 고향 산천 어디 메쯤, 적막 속으로 추억 속으로 떠나가고 있는 어머니, 그 와중에도, 에미는 이 집 맏며느리야 하시며, 당신 피붙이 같은 물 날린 순금반지 하나를 이 손가락에 더듬더듬 끼워주신다.

 줄 거라고는 이거밖에 없구나, 시집와서 참 고생 많았구나, 당신 떠나는 날 겨울 선산에 오를 적에, 지독시리 아끼느라 안 입고 깊이 넣어둔 두터운 빨간 내의 꼭 입고 오란다. 참, 바람 같던 모진 세월, 고부간의 묵은 정이 칡뿌리처럼 안으로 깊이 파고든 것을 느낀다. 눈을 감는 순간까지 어머니의 비명은 온 혈관을 타고 도는데, 엄마 밥! 학교에서 막 돌아온 당신의 끈인 장손이, 춤추는 제 아비와 피고름 짜고 있는 어미 등 뒤에서, 밥 달라던 그 말을 도로 꿀꺽 삼키고 있다.

나는 늘 손해다

나는 늘 손해다
나는 혼자서도 감당 못 하고 장미꽃을 약간 떨어져서 바라보고 있는데
장미는 가시까지, 색까지, 앞세워서 우중충한 나를 들여다보네

나는 혼자서 산을 보는데
산은 나무와 바위, 풀꽃까지 쟁쟁히 앞세워 놓고
내가 잘 올라오나 안 오나, 숨어서까지 부끄럽도록 감시하고 있네

나는 혼자서 시를 쓰는데
시는 동물성, 식물성, 광물성, 광합성, 사돈의 팔촌까지 다 끌고 와
나보고 기죽여 놓고 쓰라 쓰라고 명하네

그러나 저 봄, 나보다 훨씬 더 손해네
이 꽃 저 꽃 다 피워놓고도
핫바지 방귀 새듯 소리 소문 없이 새 나가고 없네

가난한 선물

그를 만나면 그냥 웃었다
물 흐르듯 웃음이 흘러넘쳤다
왜 웃느냐며 얼굴에 뭐가 묻었냐며
그도 싱글벙글 쳐다보며 따라 웃었다
이것밖에 해줄 것이 없어요 라고 말해놓고
꽃씨 터지듯 빵 터져버렸다
그러고 보니 밥 한 그릇을,
봄 한 그릇을 웃음이 다 퍼먹고
참 화기애애했네

마른 멸치

죽었어도
감을 수 없는 멸치 눈알이 섬뜩하다
누구에게, 하나같이 항거하듯 입을 꼭 봉하고 있다
입안을 벌리니, 똥이 거기까지 도망쳐 와 있다
잡힐 때의 그 방향이 그대로 박제되어 더 안쓰럽다
집으로 급하게 가는 중이었을까
길마다 촘촘한 힘의 그물 앞에서
얼마나 다급했던지 생똥이 타 새까맣다
죄라면, 큰 물살에 채이며 비린내 팍팍 풍긴 죄,

   자세히 보니, 비린내는 죽어서도 폴폴 살아난다 그래 그래
   그게 산 증거다. 그것만큼 찡한 진실이 어디 있겠느냐?

하마터면 익을 뻔했네

맨 처음 나를 깨트려 준 생솔 같은 총각 선생님,
촌 골짜기에서 올라와 혼자 제자리 찾아 서지도 앉지도 못하는
불안 불안한, 갑갑한 이 달걀에게
여린 정신이 번쩍 들도록, 음으로 양으로 깨트려 준 샛별 같은 그 선생님

당신이 날 깨뜨렸으므로 혁명의 눈을 초롱초롱 떴네
한번뿐인 생달걀, 생이 한번뿐이라는 걸 가르쳐 준 그 후부터 나는
익지 않으려 기를 쓰며 사네, 그러나 하마터면 나 익을 뻔했네,
익으면 나 부화될 수가 없네

깨트려 주는 것과 깨지게 한 것과 망가뜨린다는 것의 차이점을
사전 속 아닌 필생 부딪히면서, 익지 않으려 애쓰면서 에그,
하마터면 또 홀랑 반숙될 뻔했네

그녀의 구두

그녀의 벗어놓은 구두를 보면 작은 통통배 같다
종일, 물결 헤치며 넓은 바다에서 통통거리다 돌아온
잠시 휴~ 쉬고 있는 저 땀 배인 짠한 구두

물살을 가누며 파도를 헤치느라
밑창이 다 닳아빠진 구두
잡혔다가 다시 살아나온 것 같은, 한 마리 활어 같은 구두

그러나 나는 그 통통배가 아직, 몇 년은 더 항해할 수 있을 것 같다

벚꽃 다 날아 가버리고

다 날아 가버렸다, 추위를 견디며 자수성가한 화사한 꽃잎들,

엎친 데 덮친 격으로, 비바람 심하게 몰아쳐 강제 추심을 해버렸다

빈 털털이가 된 몸, 홀가분하다고, 괜찮다고,

가진 것 다 날아갈 적에 두려움마저 훨훨 날려 보냈다고

때를 다시 한 번 슬슬 구슬려 보겠다고

그러나 그럴 때에 내게, 바람막이 하나쯤 있었으면 어땠을까 하고

빈 가지인 가슴에 대고 눈물로 두서없이 회유해본다

커리어우먼들

오랜만에 만난 친구들과
오뉴월에 돼지 꼬리 휘두르듯 바닷가를 첨벙거리고 있는데
60대의 묵직한 여인들 입에서 물 끼얹은 소리가 튀어나온다

어머머머 이 돌 좀 봐 너무 신기하고 이쁘다

금덩이도 진주도 아니고 고작, 닳고 닳은 돌멩이 하나 주워들고서
세상의 신비를 발견한 듯 호호 깔깔거린다

얘들아, 나는 아직도 집 벌레 한 마리 못 죽인다

그래 믿는다 믿어, 그 코딱지마한 배포로 큰 공장은 어떻게 돌린다니,

남편하고 대판 싸워 며칠째 딴방 쓰다가도
벌레 나온 날만큼은 살살 기어 붙는단다

〈
어머머 너도 그러니 우린 아직 소녀 감성이다 그자-

수평선 앞에서 눈물을 주르르 흘리더니
불타는 노을에 뛰어들어 순정을 떠 올리고 지랄들 한다

에그, 지방방송이 너무 난무하여 갈매기들이 시끄럽다
고 야단이다

싱그러운 퇴근 길

싱그러운 유월을 밟고 돌아가는 나의 집엔
새끼 올망졸망 매단 살구나무 한 그루가 단 냄새를 솔솔 풍기며
날 기다리고 있습니다

등대처럼 늘 켜져 있어야 된다는 압박감 하나로 온몸이 굳었다가도
집으로 향하는 길은 콧노래를 흥얼거리며 재촉합니다
밝은 집으로 퇴근할 축복이 씨눈처럼 파랗게 기다리고 있습니다

수평선처럼, 경계에 견고히 머물다가도, 파도처럼 자신을 가라앉히며
집에 도착했을 때, 아 그랬구나, 마음 추슬러줄, 떫음을 조금은 물고 있는
중년의 감나무도 귀찮도록 기다리고 있습니다

차 한 잔의 유혹이 퇴근길을 어이어이 부르며 뒤따라올 때마다

그 값이면 국수가 몇 그릇인데 싶어, 순박하게도 몸 묶여 있는
국수 두어 다발 사 들고 탈래탈래 들어가는 저녁입니다

해맑은 웃음이 수돗물처럼 찰찰 쏟아지는 집으로
남촌의 해처럼 그럭저럭 돌아가는 저녁입니다

때론 한적한 골목길 가로등 밑에서, 터질듯 한 가슴으로
앵두의 반 익은 몸처럼 새콤달콤한 상상을 부풀리면
새들이 와락 달려들어 가려운 곳 뭉클뭉클 쪼아줍니다

삼합

소가 주인을 어무이 어무이 따르는 것은
주인이 논바닥에 함께 발 딛고 있기 때문이다
땀 흘리며 바닥에서 함께 일하고 있기 때문이다
높은 데서 부리지 않고 함께 호흡을 맞추기 때문이다

고된 노동 속에서도 서로의 눈빛이 그렁그렁 한 것은
심전心田에서 희로애락을 함께했기 때문이다
무지렁이에서 똥 누는 모습까지 다 보여줬기 때문이다
땅과 서로 우직함을 오래 되새김질했기 때문이다

우둔하게 서로 주인으로 섬기는
고지식한 땅, 고지식한 소, 고지식한 농부,
과묵한 근성이 깊이 발효된
아 참, 지독한 삼합이네 그려~

2부

청맹과니

물고기가 낚싯밥을 꽉 무는 것은
어쩔 수 없이 유혹에 턱 물릴 때가 있다
배가 불러도 고픈 것처럼 순간에 턱 물어버릴 때가 있다
감동이 아닌데도 그 밥이, 진득한 감동으로 보일 때
가 있다
눈 빤히 뜨고도 어, 어, 하다가
무엇에 홀린 것처럼 청맹과니가 될 때가 있다
들여다보면 그쪽으로, 눈을 빤히 뜨고 있었기 때문이다

저것 봐라, 잡힌 뒤의 물고기가 바닥을 치며 펄쩍 뛰
는 것을

촛불

산중, 합격 기원 함 속의 촛불이 운다
밝혀 놓은 촛불이 뜨거운 눈물을 뚝뚝 흘린다

어머니 죄송해요
어머니 죄송해요
또다시 어머니 힘들게 해서 너무너무 죄송해요

기도 앞에서
뜨거운 눈물을 뚝뚝 흘리며
어미를, 애처롭게 바라보는 순한 나의 불빛이여

심지가 그리 약해서
눈물이 그리 많아서
바람 앞에 선 너를 어찌 돌아서 가겠느냐

내 무릎이 아픈들 네 마음만큼 아프겠느냐
내가 지금 추운들 떨고 있는 너보다 춥겠느냐

저 한 가닥 풍경소리에도 매달리고 싶은 심정이구나

진품

도둑이 들어와 패물을 몽땅 털어갔다
이미테이션만 남겨두고
진품만 용하게 훔쳐 갔다
식별 탐지기를 들고 다닌다나?

순간 아찔하다
나는, 진품이 아닌 것을 천만다행 감사하게 생각하다가
이게 아닌가, 감사할 일이 아닌가라는 생각이 갑자기
확 깬다

천성인가

천성이 밝은 해는 물에 빠져도 밝습니다
절벽 위에 올라서도 밝습니다
달도 마찬가지입니다
캄캄한 골짜기에선 힘을 내 더 밝습니다
물에 빠져도 물에 뜨며
혹한에도 떨지 않고 빛을 냅니다

밝아서, 고생한 여자 같지 않다고요?

나도 모르게 밝아진 건
부도난 절망에서, 도주한 바로 그날부터 입니다

야단났네, 네 엄마

야단났네, 네 엄마
네 엄마 참 야단났네

가을 산에 올랐다가
끝물이 팍, 들어버린 엄마

떨고 있는 산국에 마음을 다 빼앗겨
늦는다는 문자를 뽕뽕 날려버린 네 엄마

안타까운 나이를 가을 산에 훌 풀어놓고
산정에서 멀리 수평선을 바라보고 있는 엄마

속을 토해낸 노을에 스스로 볼모로 잡혀서는
산머루처럼 툭 터져, 울고 있다가도 이내, 깔깔깔 넘어가는

구절초를 좋아하는 네 엄마 지금, 구절초와 쑥부쟁이와 함께 있으니
별일이야 있겠니, 기다리지 말거라

동심

졸졸졸
시냇물은 시냇물의 어린 사이즈에 맞게, 가볍게, 맑게 졸졸졸 흐른다
저 강까지 저 바다까지는 아직은 닿지 않은 세계, 처음 빛깔 그대로
투명한, 닿지 않은 미래에 대한 불확실이라던가
무거운 이야기는 하지 않아도 되는, 감출 것 하나 없는
물의 속마음이 빤히 보이는
그저 물풀끼리 어린 돌멩이들과 짜그락짜그락
오지도 않은 검푸른 해일 같은 건 걱정하지 않아도 되는
들여다보면 해맑은 저 개구쟁이들이 물속으로 확 잡아당길 것 같은

훌훌 벗고 동심에 햇볕처럼 까르르 끼어들고 싶은

고치다

손재주 좋은 사람이
버려진 나무 의자를 주워 와 공구를 갖다 댄다
빛바랜 의자 하나에 저토록 많은 못이 녹슬어 있다니

뼈대는 그대로 두고
불균형을 잘라내고 칠을 입히고 나니
의자가 그제야 휴- 숨을 쉬는 것 같았다

그랬으면 참 좋겠다
어느 밝은 눈이 삐걱대는 나를 발견하여
꽉 쪼여진 나사 몇 개만
노독 몇 개만 풀어주면 참 좋겠다

잔못이 너무 많아
내 웃음이 거기에 박혀
꼼짝달싹할 수가 없다

무

보디빌더의 딴딴한 근육 같은 무를 사 안고 집에 왔다
군에 간 아들이 와 있는 것처럼 집이 그득하다
씻어도 씻어내도 가을바람을 함께 마신 붉은 흙이
 어미를 따라온 혈육처럼 무에서 쉽게 잘 떨어지질 않는다

 따스해서 정들었던 시간보다 추워서 맞댄 시간들이 저 무살에 박혔으리라고
 흙을 씻으며 생각을 두 동강 뚝 잘랐는데, 아따, 무가 억시기 달다
 싱싱한 무가 단물을 질질 흘린다 흙이 얼마나 애지중지 달게 품었으면
 무가 이리도 훤할까

 몇몇 시인과 함께 뜻이 있어 찾아가 만났던, 뿌리를 제대로 내리지 못한
 소년분류심사원의 소년들도, 흙처럼 따뜻이 품어 안으면 정말 하얀 無가 될까,
 무가 무럭무럭 잘 자라려면 팽팽하게 고른 땅이라야만 뿌리를 잘 내린다는데

뿌리 제대로 내리지 못한 그 무들은 이 황금빛 가을을 어디서 만나니,
　만날 수가 없어 어떡하니,

　시퍼런 무청을 지닌 신념 확고한 청년 같은 저 무들을 엄동설한, 하나하나 마음으로 싸서 얼지 않도록
　바람 숭숭 들지 않도록, 겹겹의 체온으로 감싸고 또 감싸고는 있지만

　다 자라도 이 애물단지들

나 토종이야

숙이 니는 시인인데 밥뜨비이가 뭐꼬,
촌에서 나온 지가 언제인데
시인이면 표준말을 써야 되는 거 아니가?

종종 만나 밥을 먹는 옛 친구가
밥뚜껑을 밥뜨비이라고 한다고 킥킥거리며 놀려댄다

야들아, 앞으로는 각중에 연락하지 말거라
나 알고 보면 억시 바쁜 사람이대이-

이 문디 가시나 각중에가 뭐꼬
야 때문에 사람 죽겠네 아이고 배야,

밥을 다 먹자마자 걸쭉한 디저트가 또 연타를 날린다
숙이 니는 그 뭐야, 카리스마가 없어서 시인 안 같다
좀 예민하던지 새침하던지
우리들하고 뭔가 쪼매 다른 구석이 있던지,

지랄들하고 자빠졌네

의성 육쪽마늘이 뭐, 도시 마트에 나와 있다고 그 맛이 변하남?

나 토종이야 왜 이래!

등나무

배배 꼬인 등나무를 가만 보고 있으면
생긴 대로 생각하고
생긴 대로 행동한다

의식이
시각이
시퍼렇게 꼬여져
다른 몸을 시비 걸듯 걸고넘어진다

한번 꼬이기 시작한 판단
막무가내다

저 속에서, 어찌 저리 예쁜 꽃이 다 나왔을까,
지나가는 사람들이 입방아를 한 번씩 찧는다

들여다보면, 너나 나나 다 일장일단이 있는 거라고
꼬일 대로 꼬여도 저 위인, 남에게 그늘 하나 만큼은
시원하게 오지랖이 돼 주지 않느냐고

〈
포기한 듯 위안하듯 팽나무는
팽 거리지 않고 조용히 응해주고 있다

하얀 저 구름

하늘에, 머리카락 온통 하얀 할머니가
느리게, 느려터진 걸음으로 어딜 가시나

빗질해드리고 싶도록 머리카락 풀어헤치시고
만사가 나른한 듯
가다가 쉬시고 가다가 주저앉으신다

어릴 적 맛난 음식, 귀한 음식 천천히 아껴 먹듯이
길도 천천히 그렇게 아껴 드시나

앞으로 가야 할 길
노루 꼬리만큼 짧다는 걸 내다보시는지

야야, 바깥에 아직 봄인가 물으시면
네에, 아직 봄입니다, 라고
거짓말을 냉큼냉큼 할머니께 수북이 퍼드린다

벚꽃시절

만개한 벚꽃 속에서 마음을 다 빼앗기는 상춘객들

꽃그늘에 앉아서 마음 빼앗기는 그 이유를 가만 생각해보건대
학창시절, 하늘하늘거리는 내 친구 선희가 딱 저 벚꽃이었지

꽃무늬 원피스를 입고 수성 못 간들간들 돌라치면
뒤에서 앞에서 몰려드는 건들거리는 까까중 그 머슴아들

마음은 버들강아지인데 크고 강한 나는 그만
여린 꽃잎 선희에게 맥도 못 추고 밀려나
약한데 더 약한 척하는 선희의 하늘거리는 쇼에 다만
눈을 가자미처럼 흘겨대곤 했었지

달라지다

   몇 년 전만 해도 꽃으로 활짝 피어나서는
   대중 앞에 향기를 따발총처럼 쏘고 싶었는데
   올봄부터는 왠지, 내 속으로 자꾸만 기어들어 간다

   풀 언덕에서 껑충거리다가도 발자국소리만 나면 미끄러지듯이
     풍덩,
   정적인 연못 속으로 일단 뛰어들고 보는 개구리,
    차오르는 제 울음을 주체 못 하고 엎어져 우는
    봄은 저만치 풀어헤치고 오는데, 너는 하염없이 울 수밖에 없구나

보름달

너 하나가 환하니
온 어둠이 환하다
나도 이 집안에
달로 다시 태어나야겠다

시월은 만장일치로

산 첩첩 물이 드니
중립이었던 암자조차도 물들고 마는구나
계곡물조차 한통속 되어 불났다

저 앞에서 누가 이의를 제기하랴,
사색조차 적색으로 물들어 속수무책이다

노을조차 한통속 되어 만장일치로 불타오르는
내게 점점 번져오는 풍진 같은 시월이여

3부

붉은 꽃을 보면

저 붉은 꽃이 도발을 유도한다
o형의 기질이 다분한
흥미진진한 저 색이 나를 확 끌어당긴다
머뭇거리지 않고 갉작대지 않고
정면을 찌르고 들어오는 색,
정의 투사 같은 열의로 꽉 찬 꽃
적어도 시시하게는 살지 않을 것 같은,

붉은 꽃을 보면 그 생기에 스르르 압도당한다
하여, 시들할 때마다 내 입술을 레드와인으로 칠해본다

살아야 할 이유를 불콰하게 물고 있는 색,
삶의 이유가 하도 희박하기만 해서
오히려 강하게 부정하며 반전으로 들고 나선 너,
그 속울음이 응고된
피가 울대에 막 범람하는

크리넥스

막연히 뽑아 쓰기만 한 너,

몸보다 마음이 더 아픈 날
창으로 내다보는
반짝이는 크리스마스 캐럴이 쓸쓸함을 더 번지게 하는 밤,

유리창은 현실이 너무 차가워서 울고
나는 비현실에 퍼지려고 앉아, 위안하며 한잔 든다

한 해도 까치밥처럼 달랑달랑
몇 장 남지 않은 창백한 크리넥스, 나도 이렇게 막연히 뽑아 쓴 거니

소의 시근

　노인의 몇 배 되는 덩치 큰 황소를 시장한 저녁이 몰고 간다

　황혼이 황혼을 최선을 다해 비출 때 워낭소리가 점점 깊어진다

　어제 다르고 오늘 다르다며 중얼중얼하는 노인의 헌 그림자

　따라가던 소는,

　소는 왠지 자꾸만 뒷걸음쳐 딴청을 피우고

　그럴수록 노인의 부리는 목소리가 소를 우렁차게 내리친다

　노인을 일바시는 소의 시근이 참, 백 근도 더 넘겠다

분위기메이커

추운 마당에
철모르는 장미 두어 송이 희희낙락 피어 있다
봄이 떠나간
칙칙한 나무들의 피를 팡팡 뛰게 하는 저 장미,

나도 오래전, 가시로 톡 쏠듯, 피를 뛰게 했던 저 장미
였을까
고 미모, 고 지성, 고 품위, 쓰리고라고
문학기행 가라앉은 그 버스 안에서
낭창낭창 나를 인사했던
철부지 분위기메이커 볼 빨간 저 장미였을까

중앙에서의 하행 길

중앙의 문학 행사에 다녀오던 열차 차창 밖에
하루살이들 가로등에 난무하고 있다

그렇구나,
너희들도 조명 한번 받고자 그 야단들이구나

그중의 한 마리가 열차 차창에 죽은 듯 붙어
고해성사하듯
조용히 몸을 아니 생각을 녹이고 있었던가

춥냐
그래 춥다

동대구역에 도착한 새벽 한 시의 캄캄한 하늘엔
중앙에, 바삐, 얼굴 잠깐 디밀고 내려온 하현달이
오한에 으스스 떨고 있다

벼르고 벼른 볼일이 참
뒤 안 닦은 듯 찜찜하고 찜찜하기만 한 그 중앙에서의
하행 길

협박

너 혼자 있다고 밥 안 묵고 그라면
내 손에 죽는다 알았제!

포진

그에게 잘못을 힐책하고 그만
마음에 물집이 생겼네
따끔따끔하고 쓰라린 것이
나를 깔짝깔짝 헤집네

물집을 터뜨리면 다른 사람에게 바이러스가 감염된다며
절대 터뜨리지 말라는
서서히 가라앉히라는 처방의 말
무시하고 헤집고 그를 향해 훅 터뜨리고 나니
아, 내게 버젓이 창궐하는 病이여!

미안하다미안하다미안하다 내 잘못이다

입안이 다 부푼다

무선 마이크

너는 줄이 없구나
매이지도 않았구나
줄이 없어, 매이지도 않아
걸리적거리는 일 따윈 없구나
오늘 저 여러 선생님 앞에서
참 자유롭게, 내 쪼대로 노래를 불렀다
이런 식으로 단순하게 살아가라 너,
유선 마이크처럼, 줄에, 바닥에, 질질 끌려다니지 않고
언젠가는, 밟히는 줄을 버리고 부디 소리내기를

사람 같은 돌

감포 바다에서 주운 돌 하나 사람의 형상을 하고 있다

얼마나 오래 갈고 닦았으면 이리 둥그스름하나

너는 돌이라도 참 마음 주고 싶다 사람 같게 정 있게 생겼구나

사람이라도 돌 같은 사람이 요즈음 얼마나 많은데

목욕탕에서

네 살 박이 사내아이가 엄마의 등을 밀어주고 있다
새파란 때 타월을
반은 쥐고 반은 흘리면서
해죽해죽 웃으면서 엄마의 등을 밀어주고 있다

'아이쿠, 내 새끼, 잘도 미네. 요 이쁜 내 새끼……'

아이의 볼에, 아이의 입에, 쪽쪽 소리가 찰지게 달라붙는다
  엄마는 간지러워 그만, 깔깔깔 넘어간다
  물방울도 깔깔깔 터지고 또 터진다

꽃잎 같은 이쁜 아이와 눈 한 번 더 마주치려고
고개를 자라처럼 빼, 뒤를 한번씩 돌아다본다
서로의 시선이 마주칠 때마다 몸이 사르르 밀착된다

엄마의 얼굴에 봄이 연신 자지러진다
세상의 모든 경계가 저 앞에서 하르르 무너져 내린다
둘레가 어찌나 반짝이던지

손을 잡고, 온탕으로 들어서는 母子의 환한 모습이
마치,
 올림픽 시상대에 선 영웅같이 느껴진다

가을 조준

콩이 스스로 깍지를 풀어헤치고
노골적으로 속을 노랗게 드러내고 웃는다

한 대 얻어터지고 싶은 가을 끝물의 콩같이
전신이 근질근질한 어느 날 오후

성숙을 질질 흘리며 하염없이 걷는 저 구름도
노을에 퍽 엎어져 일어나질 못한다

가을 한 자락 조준 못 하고

깨의 끼

깨가, 처음부터 고소한 게 아니었다

고소함을 내재한 자신의 끼를
불이 확 달궈줘야만
비로소 달아오른 끼
톡 톡 톡 깨어나며
튀어 오르며
원초적 재능을 발휘하는 것이다

그러니, 깨 혼자서는 끼를 발산 못 하는 일
나를 확 달궈라

묵사발

소문을 찾고 찾아 묵 사러 먼 길 달려왔다
3대째 이어오며 묵을 만들고 있다는
묵처럼 묵묵하게 보이는 묵 사장님 보기와는 달리
묵 자랑을 어찌나 6시 내 고향 리포트처럼 맛깔나게 잘하던지,
묵이 정말 잘 쑤어졌다며 이것 한번 보라고, 얼마나 투명하고 유연한지
저기 저 지붕 위에서 내 던져도 절대 깨어지지 않는 묵이라고

그러면서 눈 깜짝할 사이
묵을 머리 위로 치켜들고는
묵 판으로 휙 내동댕이치는데
오 마이 갓,
서른 젖가슴같이 탱탱한 묵이 위험하게 찰랑 찰랑거리더니만, 아
바닥에 닿는 순간 한쪽 귀퉁이가 나가떨어지고 말았으니……

〈

　묵 앞에서 그 양반 60년 전통이 한순간 묵사발이 되어서는
　예외는 있는 거라고, 내 묵은 나가 잘 안다면서 다시 한 번 던져 보겠다는 걸
　그 묵 집 아주머니와 내가 한사코 말리면서, 깨져버린 자존심 한 조각을 입으로
　가져가 최고라고, 엄지손가락을 치켜세우며 세상에나,
　이렇게 우스운 묵은 난생처음 먹어 보는 거라고, 눈물을 찔끔찔끔 흘리면서
　또 오겠다고

봄의 방문

모란꽃이 그리움을 뚝뚝 흘리는 어둑어둑한 저녁의 뜰에
등불처럼 내걸리는 얼굴 하나 가슴이 다 환해져 옵니다
바다처럼 펼쳐진 파란 칠판의 문장을
노트에 골똘히 옮기고 있던 단발머리 한 소녀에게
살며시 다가와 머리를 곧잘 쓰다듬어 주신 선생님의 그 두툼한 손,
다섯 살 때 아버지 먼 길 떠나신 후 처음으로 따뜻한 손길이었습니다
매일 하시던 선생님의 인사
"아침밥 든든히 먹고들 왔느냐"가
허기진 어린 가슴에 새싹의 봄이 한가득 돋아나는 듯 했습니다

"얘들아, 나는 잘 삭은 콩잎파리가 세상에서 제일 맛나더라" 하시면서
점심시간이 되면 진절머리 나던 콩잎파리와 선생님 도시락의 계란말이를
슬쩍 바꿔치기해 주셨던 봄 흙과도 같은 훈훈한 선생님,

늦었지만 그 선생님 찾아뵈러, 그 선생님이 마음을 다 주었다는
일몰의 그 방파제 위로, 나비처럼 사뿐사뿐 날아가고 있습니다
그 옛날엔 선생님이 우리 집으로 가정방문 오셨지만
이젠 세월의 판세가 역전되었으니
선생님이 어떻게 잘 사시나 제자가 뉘엿뉘엿 찾아갑니다
제게 늘 봄볕 같았던 선생님께 노을처럼 울컥 속을 쏟아 냅니다
다른 것은 몰라도 잠 설치며 만든, 선생님이 평소 즐겨 드시던
삭은 콩잎파리와 메밀 묵 한 덩이,
참, 노란 해도 하나 몽글몽글 쪄 올릴까요, 여전히 빅뱅인 우리 선생님께

꽃이 가장 쓸쓸할 때

꽃이 가장 쓸쓸함을 느낄 때는
만판 흐드러지게 만개했을 때

냉해를 극복하고 간신히 피어난 꽃에
최후 통보 같은 비바람이 급습했을 때

활짝 핀 모습을 오랫동안 지켜봐 줄줄 알았던 그 사람
온다 간다 말없이 순간에 떠나가고 없을 때

빗나간 봄날의 날씨처럼
적막만 처연히 여린 그늘에 사무칠 때

4부

접기의 달인

원망을 접고
미움을 접고
분노를 접고
욕심을 접고
아픔을 접고
그리움을 접고
그늘을 접고
어둠을 접고

모가 난 일상을 우로 접고 좌로 접고 돌려 접고 뒤집어 접고
순간순간에 속절없이 내일도 없이 접어버린 꿈,

시간도 접고 약속도 접고, 접혀버린 것들이 풀이 팍 죽어 있는데
난데없이 구석에서 새싹 같은 詩가 뽀샤시 올라온다

시래기

새들새들 골았다
물기가 다 빠져나갔다
아직도 뭐 얻을 게 있는지
이 바람 저 바람 시래기등살에 달라붙는다

이놈도 툭 치고 가고 저놈도 한 번 흔들어 보고 가고

푸석푸석한 몸으로
애면글면 울먹이고 있건만
어찌하여 바람들은 다 속물근성인지

유채꽃

네가 노랗게 흔들리는데 왜 내가 하르르 날리는지,

눈부신 유채꽃 앞에서 나는 참 부끄럽기만 하다

분명하게 너는, 한 가지 색으로만 밀고 나가는데

나는 이 나이 먹도록, 이것도 아니고 저것도 아니고

내 빛깔 이거다 하고 봄 앞에 서보질 못했으니

언제쯤 나는, 나만의 색으로 화사한 바람을 살랑살랑 흔들어볼까

놀고 있는 들꽃들

마냥 잘 놀고 있다
아무것도 기획하지 않아
주최도 주관도 필요 없는 세계,
본색만 뿜어 재끼며 즐겁게 잘 놀고 있다

수더분한 저 들꽃 속으로
해는 친정 왔다가 아예 눌러 앉아버렸고
나비는 유유자적 완행에 몸을 실었다

건달 같은 저 바람,
화기애애한 저 풍경을 흔들까 말까 엿보는 중이다

기피

다람쥐가 도토리를 묻어놓고
깜빡 잊듯이
나도 이 가을
내 궁핍을
내 양심을 묻어놓고
깜빡하고 싶어라

막사발

   산촌에, 파전과 막걸리를 파는 곳에 도자기가 메인으로 진열돼 있다
   이왕이면 막걸리를 막사발에 담고 싶어 아니지, 막걸리와 메인의 위치를
   내 권력으로 한번 바꿔보고 싶어 가격을 물으니 이만 원이라나?
   왜 이렇게 싸냐고 물으니 불에 굽히면서 약간 흠이 났다고,
   불구덩이에 앗 뜨겁게 굽히면서 흠 안 나는 生이 어디 있겠냐며
   그 흠, 눈을 부릅뜨고 찾으면 보일까 눈감자, 흠 많은 내 눈에는 잘 띄질 않았다

   흠이 있다는 이 막사발은 왠지 어떤 말을 툭툭 던져도 다 받아 삼킬 것 같은
   편안한 여자 같다, 그러니까 오늘 간 일행이 투박스럽고 무기교인 틈 많은 내 모습에 홀딱 반은 넘어 와버렸지, 물론 낮술 반잔에 좀 맛이 가긴 했지만 어쨌든 이

막사발 나와 왠지 닮은 것 같아 몇 점을 싸안고 오며
까짓, 깨어져도 이제 그만
크게 생각해보건대
우리 처음 만났을 때에 내게 있는 그 흠이 너를 끌어당겼을 거라고
아닌가, 네게 있는 그 흠이 나를 끌어당겼을지도

자작나무

아궁이에 자작나무 껍질이 타고 있다
자작자작, 나무의 숨소리가 참으로 가지런하다
가지런하다는 건
흐트러지지 않으려고 숨을, 참고 또 참아내고 있다는 것

숲이 무성하면 새들이 찾아들듯이
내 가슴의 숲에는 그리움이 자작자작 깃을 치고 있다
자작자작, 그리움이 고요히 걸어 들어오는 소리,

물에 젖은 나무조차도 불이 잘 붙는 것은
나무의 하얀 살 속에 뜨거움이 숨어 있기 때문이다

에그, 너의 본성이 그만 탄로 나 버렸네

내유외강의 자작나무인 너!

어머니의 목소리

한 번만 더 먹어봐라
한 숟가락만 더 떠봐라

몸이 아파 신열이 펄펄 끓어올라
밥숟갈을 거부할 때에

안쓰러운 마음이 바짝 붙어 앉아
귀찮을 정도로 수저를 손에 쥐여 주며 애 끓이던 목소리

애야, 사는 대로 살지, 너무 애면글면하지 마라

오늘, 곤죽 같은 어둠을 끌어 덮고 꽁꽁 앓다가
눈을 떠 보니

어머니의 찡한 목소리가 목련처럼 허하게 흩어진다

그리운 고모역

폐역된 고모역에 가 보았는가
그 역을 지키며 꽃 피우고 꽃 지는
진득한 역무원으로 일렁이는
한 그루 벚나무를 보았는가

다 떠나도 혼자 지키고 서서
새와 바람, 햇볕을 불러들이는
기적소릴 기다리고 있는 미련한 저 나무를 보았는가

여전히 폐선로는 희망으로 달려갈 기세이고
보따리 이고 진 어머님은
고모령 재를 허기지도록 넘어
한파의 저 추억 속으로
화통 같은 입김 뿜으며 달려 나오신다

잡지 못한 그 사랑은 언제쯤 몰래와 역을 서성일지,
그리움이여
어둠이 덮치면 저 폐역에 더 환한 불빛을 내걸어줄 테요

생육

　수녀님 머리에 쓴 하얀 베일 같은 찬 서리를
　숙명처럼 하얗게 덮어쓰고 추위를 나고 있는 저 어린 보리,
　보리의 이삭이 올바로 눈뜰 때까지
　모진 저 서릿발이 이불이 되어준다

　따뜻이 품어주는 것만이 부모의 역할이 아닌 걸까
　흙은 딱 거기까지,
　매몰차게 내몰아서 많이 밟혀보라는 흙,
　혹독한 눈보라에 밟혀야만, 밟힐 때의 그 자극으로
　파란 힘줄이 팍팍 생기는 거라고,

　분얼이 잘 된 보리는 잘 밟힌 보리라는데
　잔뿌리도 많이 생기고 줄기의 수도 많아진다는데
　나는 너를, 한파의 저 발밑에 제대로 던져 넣지를 못했구나
　그러므로 신장 성장을 전혀 하지 못한, 겉 깜부기병 같은
　너

거름

음식물 찌꺼기를 마당의 텃밭에 묻는다
흙이 표 안 내고 다 받아준다
어떠한 불순물도 그럼 그럼하며, 어머니 품처럼 받아 안는다

우여곡절의, 그 진물 질질 흐르던 것들 대문 밖에 내버릴까도 생각했었지만
에라 묻자, 인생 선배가 쓰던 달든 무조건 가슴에 묻으라 했던
묻으면 조용해진다던 그, 마짓밥 같은 숭고한 말 잊지 않고
혹한의 눈물조차 깊숙이 묻어 두었을 뿐인데 선배 말대로 아,
이제 막 꽃이 핀다, 생 속에 박힌 파편들이 푹푹 썩어 문드러졌나보다

활짝 핀 봄꽃들이 도란도란 거리는 걸 보면
필시, 썩어야만 살아지던 거름의 날들을 떠올리고 있음이야

웃으면서 옛말을, 옛말을 꽃들이 하고 있음이야

사네 못 사네 하면서도 씨앗처럼 가슴에 묻어 두었던
소똥 거름 같은 그 지독하고 지독한 희로애락들,
그런데, 내 글의 알맹이가 하필, 저 쿵쿠무리한
묵언의 거름 속에서 배실 배실 삐져나올 줄이야……!

마당가에 무딘 삽 한 자루가, 종부의 마음처럼 아래를 향해 푹, 꽂혀 있다

꼭 나 같아서

쑥, 달래, 냉이, 고들빼기가
꼭 나 같아서
추위를 아예 깔고 앉은 근성이 꼭 나 같아서
나물을 캐다가 아린 뿌리들을 어루만져 봅니다
척박한 땅을 어떻게든 밀어젖히고 나오고야 마는
이러쿵저러쿵 토양 따윈 따지지 않는 너,
동상에 걸린 듯 울음이 맺힌 듯 잎이 참 차갑습니다
봄이 얼마나 간절했으면 맨땅에 헤딩을 다 했을까,
솟구치는 쌉싸름한 향,
겨울을 물리친 억척의 향기, 잔뿌리까지 알싸합니다

퇴역

퇴역이라는 식당에
외상값 갚듯 반갑게 들리는 노신사가 있다
그날도 묵묵부답의 벙거지 모자가 가게 문을 반쯤 들어서려는
찰나에
어라, 들고 있던 물바가지 훌 내던져버리고
잽싸게 이층다락방으로 올라가
입술을 빨갛게 칠하고 안 한 척 내려오는
가뭄 날 논바닥 같은 그 아주머니 목소리 확 달라져서는
"선상님 뭐 주문 하시겠어요"

갑자기, 반쯤 죽었던 육십 대가 앙큼하게 확 되살아나서는
소나비 맞은 풀잎처럼 낭창댄다

폭설의 밤

송년모임을 마치고 나오는데 눈이 펑펑 쏟아진다
2차 가자고, 따뜻한 차 한 잔하고 가라는 말이
시야를 흐리며, 앞뒤를 가리며 부드럽게 뒤따라온다

어둠을 다 덮어버린 하얀 길 위에서
방향감각을 잃어버린 그녀가 사슴처럼 콩닥콩닥 뛰다
폭 빠진다

"어디까지 가십니까?"
어머머 나는 몰~라

하늘이 깔아준 순은의 세상 속에서
그녀는 그만, 눈밭에 턱 엎어졌다

대수롭지 않은 것이

입이 소태 같다는 그를 위해
된장국을 바글바글 끓인다
파 무 호박 두부 다 넣어도 이게 아닌데,
이 맛이 아니라고 그가 갸우뚱거릴 때

잊혀진 사랑처럼, 까맣게 잊고 있던 냉장고 서랍 밑
한쪽 구석에서 말라가는 냉이를 찾아 넣었는데 글쎄
맛이 확 달라진다, 수저를 다시든 그가 바로 이 맛이
란다

가라앉은 식욕을 다시 일어서게 해준 너

너 하나 들어가서 전체를 다 살렸구나
너 없었으면, 너 생각 안 났으면 어쩔 뻔했니,
참, 대수롭지 않은 것이 대수롭다는걸 아는
저녁

■□ 해설

세계의 "접기"와 시적 펼침으로 구현되는 생의 진리

김윤정(문학평론가)

 박숙이 시인의 시들에는 살면서 마주하는 자잘하면서도 평범한 생활의 모습들이 자연스럽게 흘러들어와 생기 있는 물결을 이룬다. 무심히 스쳐지나가는 법 없이 시선을 던지는 시인에게 되풀이되는 일상과 범상한 자연의 현상들, 일반적인 이웃의 모습들은 시의 주된 소재가 된다. 일을 마치고 돌아오는 길에서의 상념은 긴장된 날들 가운데에서도 삶에 대한 긍정을 보여주고 있으며(「싱그러운 퇴근길」) 가을이 되어 붉어진 산세는 경이로움 그 자체를 나타낸다(「시월은 만장일치로」). 별 것도 아닌 돌을 보고 세상의 "신비를 발견한 듯" 즐거워하던 이웃(「커리어우먼들」)에게서 시인은 인간의 순수성을 찾아낸다.

박숙이 시인은 생활 속에서 조우하는 소소한 장면들을 사소한 것으로 치부해버리는 대신 어느덧 그들 속에 깃든 의미를 정면으로 마주한다. 시인의 시선에 의해 그것들은 마치 마술사의 손에 의해 이끌려나오는 꽃송이처럼 생의 진실들을 풀어놓는다. 수제비를 끓이면서 떠올리는 혈육 간의 찰진 우애(「수제비」)라든가 마른멸치의 비린내에서 찾아내는 생의 생생한 증거(「마른멸치」), 무선마이크에서 연상하게 된 단순하고도 자유로운 삶의 자세(「무선 마이크」), 막무가내로 꼬인 등나무의 그늘에서 읽어내는 이웃을 향한 넉넉한 배려(「등나무」) 등은 켜켜이 쌓여진 생활 속 층위들에 시인이 어떻게 다가가 의미를 끌어내는지 잘 보여준다. 시인은 끈기있게 그들을 응시하는가 하면 뜨거운 사랑의 손길로 어루만지면서 그들 내부에 감춰져 있는 삶의 본질들을 현상시킨다는 것을 알 수 있다. 시인의 끈질긴 시선과 치열한 손길에 의해 생활의 편린들은 비로소 겹겹의 껍데기를 벗어내고 진리의 핵을 드러낸다.

결코 특별할 것이 없다고 간주되는 생활들 속에서 진실의 속내를 발견하는 시인에게 삶은 눈에 보이는 것 이상의 진리로 채워져 있는 것이다. 허위와 기만으로 가득 차 세상이 온통 무용함으로 이루어졌다고 하는 가운데서도 시인의 눈은 그 속에 웅크리고 있는 진리를 찾아내곤 한다.

물론 이때의 진리란 다름 아닌 삶을 향한 열정과 닿아 있는 것이다. 진리는 곧 삶에의 치열한 지향성이 빚어내는 순금 같은 인식의 결과물인 까닭이다. 이는 삶을 향한 의지가 없는 한 인식도 진리도 없음을 의미하거니와 박숙이 시인이 발견하는 진리는 곧 그가 추구하는 삶에의 의지가 얼마나 강렬한 것인지를 짐작하게 한다. 시인은 그 누구보다도 순연하게 생에의 지향성을 나타내고 있다.

 생활의 소소함을 다루는 이유로 일견 소탈하고 무던해 보이지만 사실상 시인은 대단히 완고하게 삶의 진리를 추구하고 있다. 그것은 표제시인 「하마터면 익을 뻔했네」를 보아도 대번에 알 수 있다. 이 시는 시인이 삶의 진실에 대해 어느 정도로 고집스럽게 다가가고자 하는지를 뚜렷하게 보여주고 있다.

 맨 처음 나를 깨트려 준 생솔 같은 총각 선생님,
 촌 골짜기에서 올라와 혼자 제자리 찾아 서지도 앉지도 못하는
 불안 불안한, 갑갑한 이 달걀에게
 여린 정신이 번쩍 들도록, 음으로 양으로 깨트려 준 샛별 같은 그 선생님

당신이 날 깨트렸으므로 혁명의 눈을 초롱초롱
떴네
　　　한번뿐인 생달걀, 생이 한번뿐이라는 걸 가르쳐
준 그 후부터 나는
　　　익지 않으려 기를 쓰며 사네, 그러나 하마터면
나 익을 뻔했네,
　　　익으면 나 부화될 수 없네

　　　깨트려 주는 것과 깨지게 한 것과 망가뜨린다는
것의 차이점을
　　　사전 속 아닌 필생 부딪히면서, 익지 않으려 애
쓰면서 에그,
　　　하마터면 또 홀랑 반숙될 뻔했네

　　　-「하마터면 익을 뻔했네」 전문

　위 시에서 "익는다"는 것은 일반적 상징에서 말하는 '성숙하다', '깊어진다'와 같은 긍정적 의미가 아니라 "부화될 수 없"는 조건으로서의 그것이다. 당연히 "부화"는 달걀이 향해 있는 궁극의 목적에 해당하는 것으로, 부화할 수 있는 달걀은 살아 있는 것이지만 부화할 수 없는 달걀

이란 더 이상 생명을 연장할 수 없는 죽은 상태를 가리킨다. 이러한 관점에서 "익어서 부화할 수 없는" "나"란 정신이 깨어 있지 못한 상태로서, 어떠한 삶의 진리에 대해서도 무감각한 자가 되는 것을 의미한다. 정신이 깨어 있음은 영원히 생명력을 지니는 상태이지만, 정신의 죽음은 생명의 순환성에 진입하지 못하고 포식자의 먹잇감으로 전락하여 종말을 맞이하는 운명에 놓이게 된다.

생명의 단절과 죽음을 의미한다는 점에서 "익음"은 매 순간 경계해야 하는 공포의 대상이 된다. 위 시의 화자가 "익지 않으려 기를 쓰며" 살아야 했던 것도 이 때문이다. 그러나 "익지 않"는 것은 결코 쉬운 일이 아니다. "하마터면 익을 뻔했네"라고 한 것은 이러한 상황 속에서 화자가 느끼는 긴장의 강도를 암시해준다.

그런데 화자가 정신의 살아 있음을 추구하게 된 것은 학창시절 은사님 덕분이다. 그분은 "내"가 "여린 정신이 번쩍 들도록, 음으로 양으로 깨뜨려 준 샛별 같은 선생님"이시다. "생솔 같은" 그분의 가르침이 있었기에 "나"는 비로소 "혁명의 눈을 초롱초롱 떴"다고 화자는 말하거니와 이후 "나"는 "생이 한번뿐이라"는 자각과 함께 "생달걀"로 남기 위해 "기를 쓰며" 살아왔던 것이다.

"제자리 찾아 서지도 앉지도 못하"던 "불안 불안한" 상태에 있을 때 화자의 정신을 일깨워준 스승의 가르침은 무엇이었을까? 그 구체적 내용을 우리는 알지 못한다. 그러나 화자가 고백한 바대로, 시인은 이를 계기로 하여 바로 이 시점부터 "생달걀"로 살고자 하는 의지를 품게 되었던 것이리라. 또한 그러한 생에의 의지가 지금까지 시인을 지탱해왔던 정신적 기반이 되어 주었을 것이다. 시인은 이번 시집의 곳곳에서 푸르도록 벼려진 생애의 의지를 드러내고 있거니와, 물론 이러한 삶의 자세가 그를 항상 "애면글면"(「어머니의 목소리」)하도록 긴장시킨 것이 사실이지만, 이야말로 시인을 존립하게 하는 근거가 되었다는 점을 놓쳐서는 안 될 것이다. 그에게 이와 같은 생애의 의지는 평생을 두고 항상 깨어 있는 정신으로 삶을 인식하고 감내토록 하는 동력으로서 작용해 온 것이다.

>천둥 우레까지
>熱戰의 가을까지 다 겪어봤다
>무엇이 더 두려우랴
>
>다만, 가을을 겪고 나니
>요행이 없는 저 들판,
>내가 한없이 넓어져 있음을 알겠다

생각해 보면

들판이 왜 들판이겠나

혼자 아닌

바람과 땡볕과 혹한과 함께 판을 벌인다는 말이지

언 땅속의 보리처럼

주먹은 추위 속에서 불끈 쥐는 것

해보자 까짓,

벌릴 틈만 있다면야

한가락 하는 저 추위도 나는 당찬 의욕으로 달게 받겠네

-「겨울들판」 전문

박숙이 시인의 시들 가운데에는 땅과 흙, 들과 같은 대지와 관련된 모티프들이 자주 등장한다(「삼합」, 「무」, 「생육」, 「거름」 등). 동시에 이들에 뿌리내리고 존재하는 식물들도 시인이 빈번하게 조명하는 시적 대상이 된다(「빼딱

한 나무」, 「벚꽃 다 날아 가버리고」, 「등나무」, 「붉은 꽃을 보면」, 「꽃이 가장 쓸쓸할 때」, 「유채꽃」, 「놀고 있는 들꽃들」, 「자작나무」, 「꼭 나 같아서」 등). 대지와 식물이 연달아 시의 주된 소재가 되는 것은 매우 자연스러운 전개라 할 수 있다. 그런데 박숙이 시인의 경우 이들 소재는 이와 관련한 상상력이 대개 그러한 것과 달리 푸근함과 따뜻함의 의미망에서 벗어나고 있다는 점에서 주목된다. 시인의 시에 등장하는 대지와 식물들은 모성적 터전으로서의 넉넉함과 온화함의 양상과는 거리가 있다. 대신 그녀의 시에서의 대지와 식물은 공히 추위와 시련, 혹독함과 강인함의 의미들과 연관되어 있다. 시인의 경우 대지는 그 자체로 매서운 환경에 던져져 있는 토대이며 그곳에 깃들어 살아야 하는 식물들 역시 그것을 견디고 극복할 때 비로소 열매 맺는 억척스러운 존재들이다. 이러한 사정은 위의 「겨울들판」에서도 예외가 아니다.

위 시에서 시인이 다루고자 하는 땅은 아름다운 꽃으로 만발한 화사한 봄의 들판이 결코 아니다. 어쩌면 시인은 화려한 봄의 들판에 대한 근거를 본원적으로 인식하고자 했는지도 모르겠다. 봄의 환함은 겨울의 추위와 어두움을 견딜 때 비로소 맞이할 수 있는 결과일 것이기에 그러하다. 그런 점에서 시인의 접근은 보다 근본적이고 삶의 실상에 더욱 근접해 있다. 실제로 생명을 잉태하는 터전은 온갖 고통과 위험을 끌어안은 채 위태롭게 버텨내는 가운데 존립할 수 있기 때문이다. 생명이 깃드는 품은 따뜻하고 온화하기 그지없지만 그러한 터전을 지켜내는 힘은 그 무엇보다도 서슬 퍼렇고 강인해야 한다. 결국 생명을 키우는 땅은 "겨울들판"이라는 함의를 띤다고 해도 틀리지 않다.

실제로 위 시에서 화자는 "겨울들판"을 가리켜 "천둥 우레까지/ 熱戰의 가을까지 다 겪어봤다"고, 또한 "들판이 들판"인 것은 "바람과 땡볕과 혹한과 함께 판을 벌이기 때문"이라고 말하고 있다. 들판은 외견상 보이는 것처럼 단지 평온함으로써가 아니라, 온갖 시련의 부대낌 가운데 인내함으로써 존재한다는 것이다. 적어도 그것이 생명을 낳고 길러내고자 한다면 그러하다. 모든 존재는 그가 생명성을 지키고자 하는 한 필연적으로 그것을 저해하는 요소들과의 대결과 투쟁을 전제하기 마련이다. 이러한 이치는 위 시에서 "언 땅 속의 보리처럼/ 주먹은 추위 속에서 불끈 쥐는 것"으로써 형상화되고 있다.

"겨울들판"을 통해 알 수 있는 것처럼 시인에게 모든 살아 있는 것은 저절로 유지되는 것이 아니라 스스로에게 닥친 거친 환경에 치열하게 대응함으로써 이어갈 수 있는 것으로 여겨진다. 위 시의 화자가 말하는 대로 "요행은 없는" 것이다. 그러한 삶의 조건 속에서 자아를 구현해 나갈 때 자아는 비로소 세계-내의 존재로서 온전히 존립할 수 있게 된다. 위 시의 화자가 "해보자 까짓"거리며 "당찬 의욕"을 발휘할 수 있게 되는 것은 물론 스스로를 두고 "한없이 넓어져 있"다고 느끼게 되는 것도 이러한 상황 아래서 가능하다.

  삶의 조건을 부드러움과 따뜻함이라기보다 가혹함과 척박함으로 간주하는 것은 자신을 채찍질하며 매순간 깨어 있고자 하는 시인의 삶의 태도에서 비롯되는 것이다. 이는 위선 및 허상과 손쉽게 타협하는 대신 삶의 실재를 직시하겠다는 자세로서, 이러한 관점을 견지해 나갈 때 자아는 자신에게 주어지는 어떤 고난도 극복하여 진정한 승리에 이를 수 있게 된다. 이것이 곧 시인이 보여주고 있는 바 진리에의 의지라 할 수 있다. 더욱이 시인이 보여주는 이와 같은 삶의 자세는 사실상 시 쓰기의 이유이자 원리가 된다. 시 쓰기는 오직 진리에의 지향성을 굳게 할 때에 한하여 그 유의미성을 보장받을 수 있기 때문이다.

    원망을 접고
    미움을 접고

분노를 접고

욕심을 접고

아픔을 접고

그리움을 접고

그늘을 접고

어둠을 접고

모가 난 일상을 우로 접고 좌로 접고 뒤집어 접고
순간순간에 속절없이 내일도 없이 접어버린 꿈,

시간도 접고 약속도 접고, 접혀버린 것들이 풀이
팍 죽어 있는데
난데없이 구석에서 새싹 같은 詩가 뽀샤시 올라
온다

― 「접기의 달인」 전문

  삶이 혹독함과 척박함으로부터 분리되지 않는 것이라면 이를 감내하는 정신이 나아가는 지평은 무엇이라 할 수 있을까? 매서운 추위를 마다하지 않고 그 땅 위에서 억척스레 '보리'를 틔우는 정신의 끝은 어디에 닿아 있을까? "원망"과 "미움", "분노"와 "욕심", "아픔"과 "그리움", "그늘"과 "어둠" 등의 온갖 정서들은 삶의 가혹함이 빚어내는 심적 부산물들에 해당한다. 이들은 삶의 실재에 노출되어 있는 자아에게 끊임없이 밀려오는 감정들로서, 밀물처럼 들이닥치는 이들 감정의 부침으로 인해 자아는 항상 기진맥진한다.

이러한 상황 속에서 위 시의 시적 자아가 보여주는 행동은 이들 감정들에 휘둘리고 부유하는 것이 아닌 이들을 자신의 마음속 깊은 곳에 "접"는 일이다. "모가 난 일상"이라 표현하고 있는 이들 감정은 위 시의 자아에 의해 거듭하여 "접"힌다. 그는 이들을 "우로 접고 좌로 접고 돌려 접고 뒤집어 접"는다고 하고 있거니와 이는 이들 감정들이 자아를 웃돌며 폭주하는 것을 경계하고 이들을 제어하는 것을 의미한다. "순간순간에 속절없"는 "접기"를 통해 이들 거칠고 사나운 감정들은 자아의 내면으로 잠겨들고는 그 내부에서 봉인된다. 말하자면 시인에게 "접기"는 삶의 혹독함을 견뎌내는 자기만의 방식이라 할 만하다.

이처럼 "접기"의 끝없는 반복을 통해 자신에게 부과되는 혹독한 시련들을 감내해올 수 있었던 시인에게 삶은 언제나 거칠고 냉혹한 것으로 다가왔을 것이다. 그에게 삶은 "겨울들판"처럼 억세고 모질게 대결해야 하는 터전

이상이 아니었을 것이다. 그리고 그러한 삶은 항상적으로 투지만을 불러일으키는 것이 아니고 때로 시인을 "풀이 딱 죽"게도 하였을 것이다. 그러나 위 시는 그러한 광폭한 일상의 소용돌이 가운데에서 "난데없이 구석에서 새싹 같은 詩가 뽀샤시 올라온다"고 넌지시 말하고 있거니와, 이는 시인의 시쓰기에 대한 자의식을 나타내는 것으로서 시인에게 시가 삶의 시련을 감내하는 일에 대한 응분의 보상이자 구원에 이르는 경로에 해당함을 말해주는 대목이라 할 수 있다.

> 음식물 찌꺼기를 마당의 텃밭에 묻는다
> 흙이 표 안 내고 다 받아준다
> 어떠한 불순물도 그럼 그럼하며, 어머니 품처럼 받아 안는다
>
> 우여곡절의, 그 진물 질질 흐르던 것들 대문 밖에 내버릴까도 생각했었지만
> 에라 묻자, 인생 선배가 쓰던 달든 무조건 가슴에 묻으라 했던
> 묻으면 조용해진다던 그, 마짓밥 같은 숭고한 말 잊지 않고

혹한의 눈물조차 깊숙이 묻어 두었을 뿐인데 선배 말대로 아,
이제 막 꽃이 핀다. 생 속에 박힌 파편들이 푹푹 썩어 문드러졌나보다

활짝 핀 봄꽃들이 도란도란 거리는 걸 보면
필시, 썩어야만 살아지던 거름의 날들을 떠올리고 있음이야
웃으면서 옛말을, 옛말을 꽃들이 하고 있음이야

사네 못 사네 하면서도 씨앗처럼 가슴에 묻어 두었던
소똥 거름 같은 그 지독하고 지독한 희로애락들,
그런데, 내 글의 알맹이가 하필, 저 쿵쿠무리한
묵언의 거름 속에서 배실 배실 **빠져나올** 줄이야……!

― 「거름」 부분

시인에게 땅이 단순한 따뜻함의 표상이 아닌 것처럼 흙 역시 단지 무균질의 의미를 띠지 않는다. 땅이 "겨울들판"

과 같은 냉혹함의 의미를 포괄하듯이 위 시에서 흙은 "음식물 찌꺼기" 등의 "불순물"을 포함한다. "땅"과 "흙"에 관한 이러한 관점은 세계에 대한 시인의 실재적 인식을 나타내는 것으로, "음식물 쓰레기"와 같은 가장 비루한 요소를 내포함으로써 흙은 삶의 구체적 실상을 사실적으로 표현하는 매개체로서 기능한다. 삶의 부정적 요건들을 불가불 품어야 한다는 점에서 흙은 땅과 마찬가지로 세계의 혹독한 조건을 드러내는 계기가 된다. 세계의 시련에 노출된 그대로 흙은 세상과의 대결을 통해 자신을 지켜야 하는 상황에 놓이게 되는 것이다. 특히 시인이 세계의 혹독함을 특유의 "접기"의 방식을 통해 내면화한다는 사실은 시인에게 흙이 어떻게 의미화 될 것인지 짐작하게 한다.

실제로 위 시에서 흙은 "쓰던 달든 무조건 가슴에 묻"듯 모든 것을 묻는 바탕으로서의 기능을 띠게 된다. 흙은 땅이 그러했던 것처럼 "혹한의 눈물조차 깊숙이 묻어 두어"야 하는 조건을 지닌다. 설령 그것이 "진물 질질 흘"러 "내버릴" 만큼의 무용한 것일지라도 삶의 터전으로서의 흙이 그러한 불순물을 포괄하는 것은 시인에겐 자연스러운 일이다.

물론 삶의 터전을 상징하는 흙이 세상의 가장 더럽고 추악한 요소들까지 수용해야 한다는 점은 삶에 대한 회의

와 환멸을 일으키는 요인이 될 수 있다. 하지만 그것이 세계를 인내한다는 의미의 "접기"의 한 부분이라면 얘기는 달라진다. 그것은 결국 시인에게 시 쓰기의 계기로서 작용할 것이라는 점에서 그러하다. 세계의 실상을 있는 그대로 인식할 때 그 극복 또한 가능해진다는 삶의 원리는 진리에의 지향성을 근간으로 삼는 시 쓰기의 원리에로 그대로 이어진다. 세계의 시련은 회피함으로써가 아니라 정면으로 응시하고 대결할 때 비로소 긍정적 사태로 귀결될 수 있거니와 시 쓰기는 이러한 행위의 와중에서 실행되는 진리를 향한 열망의 표현인 것이다.

이러한 정황을 시인은 "씨앗처럼 가슴에 묻어 두었던/ 소똥 거름 같은 그 지독하고 지독한 희로애락들,/ 그런데, 내 글의 알맹이가 하필, 저 쿵쿠무리한/ 묵언의 거름 속에서 배실 배실 삐져나올 줄이야"라고 나타내고 있다. 시인에게 시는 결코 순수하고 아름답기만 하지는 않은, 세계 내에서의 거친 대결을 가슴 깊이 품은 자의 고뇌에 찬 발화로 성립되는 것임을 알 수 있다. 시인의 시는 무갈등과 안락의 삶 속에서 피어나는 것이 아니라 세계 내의 나날들이 시인의 내면에서 "썩어져" "거름의 날들"로 변화한 시점에 은연중 탄생하는 것에 해당한다. 다시 말해 시인의 경우 시는 "혹한의 눈물조차 깊숙이 묻어 두어", "생 속에 박힌 파편들이 푹푹 썩어 문드러"질 때 비로소 "꽃이 피"듯 피어난다는 것이다.

  사정이 이러하므로 시인에게 세계와 시는 그 실상과 기원이 공유되는 성질의 것이다. 세계가 시련으로 가득 차 있는 만큼 시 역시 아름다운 향기 대신 "거름" 냄새 푹푹 풍기는 축에 속한다. 동시에 그러한 세계와의 대결을 통해 비로소 자아가 세계-내-존재가 될 수 있는 것처럼 이러한 세계와의 투쟁을 내면화시키고 탄생함에 따라 시 또한 자아를 세계 내적 존재로서 정립시키는 데 기여한다. 결국 시인에게 시쓰기는 세계와의 냉혹한 일체 속에 피어나는 것인바, 시와 관련한 이 같은 관점은 매순간 살아 있는 정신을 잃지 않도록 스스로를 다그치면서 매섭게 생의 진실을 발견하고자 하였던 시인의 삶의 태도에 닿아 있는 것이라 할 수 있다.